SWIFT Y BRAINY

Misión Imperial

BLANCA ÁLVAREZ

A mis sobrinos Bruno y Tomás, aprendices de superhéroes,
por ser fuente inagotable de curiosidades, anécdotas y amor.

A mi hermano, por ser mi asesor histórico.
A mis padres, por estar siempre ahí.

Blanca Álvarez

SWIFT Y BRAINY · Misión Imperial

Texto: © 2024 Blanca Álvarez

Ilustraciones: © 2024 Diego Aldaz (INKU Studio)

Revisora técnica: Mercedes Bermejo

Directora de colección: Carolina Laguna

Directora de producción: M.ª Rosa Castillo

Diseño y maquetación editorial: cuantofalta.es

© 2024 Editorial Sentir es un sello editorial de MARCOMBO, S. L.
  Avenida Juan XXIII, n.º 15-B
  28224 Pozuelo de Alarcón. Madrid
  www.editorialsentir.com

ISBN: 978-84-267-3711-3

Depósito Legal: B 5830-2024

Impresión: Grafo, S. A.
Printed in Spain

SWIFT Y BRAINY

Misión Imperial

BLANCA ÁLVAREZ

INSTRUCCIONES PARA LEER ESTE LIBRO

¿Alguna vez te has quedado sin palabras o no has encontrado la manera de explicar algo? ¿Has intentado leer rápido y no comprendes lo que acabas de leer?

Al leer este libro empezarás una aventura, donde el vocabulario, la lectura, la ortografía… te ayudarán a resolver muchos acertijos, y vivirás millones de experiencias sin moverte de casa. En ocasiones, tendrás la sensación de que sí te mueves, porque, si estás atento y participas en los retos y pruebas, serás uno más a la hora de resolver la misión.

Es importante que pienses bien las respuestas, pero que tengas en cuenta que el tiempo también juega un papel importante, por lo que has de ser rápido en contestar. A lo largo del libro, encontrarás pistas, trucos y ayudas que te echarán una mano en la misión.

Si en alguno de los retos no se te ocurre ninguna solución, puedes pedir ayuda a otros niños o a los adultos.

Si ves este símbolo ⧗ , significa que es importante que te pares a pensar la prueba que tienes que resolver.

Si ves este otro ⏱ con un tiempo determinado a su lado, quiere decir que ese será tu tiempo límite para resolver esa prueba.

Para solucionar algunas pruebas, tus respuestas te llevarán a diferentes páginas en las que continuar con la lectura. Pero, ¡cuidado! Si te equivocas, los protagonistas se meterán en un lío del que solo tú podrás salvarlos.

Cuando termines el libro, ¡conseguirás una medalla de Superlenguaje! ¡Mucha suerte!

IV

—¡Hola! Me llamo Álex y esta es mi hermana pequeña Diana, pero no hace falta que te aprendas nuestros nombres porque nos los vamos a cambiar.

—Te puede parecer que somos unos niños como los demás, pero ¿quieres saber un secreto? Somos muuuy especiales. ¡Vamos a convertirnos en superhéroes!

—En realidad hay muchos niños como nosotros, ¿verdad, Diana? Si te fijas bien en las señales, podrás reconocernos. Algunos tienen pecas, como yo.

—¡Yo tengo un diente torcido!

—Pero hay muchos más. Algunos llevan gafas, otros hacen muy bien la voltereta… Todos tienen algo especial que los diferencia de los otros niños. ¡A lo mejor tú también eres uno de nosotros! ¿Tienes algo diferente a los demás niños?

—¡Entonces puedes convertirte en aprendiz de superhéroe!

—Cuando empezamos a desarrollar nuestros superpoderes, nos cambiamos el nombre por uno muy chulo de superhéroe. ¡Yo me voy a llamar Brainy! ¡Dile el tuyo, Diana!

—Yo me voy a llamar Swift. ¿Qué nombre vas a ponerte tú?
Venga, ¡invéntate uno y ven con nosotros a descubrir todo
lo que eres capaz de hacer!

Álex abrió los ojos de repente, sobresaltado. Era sábado y se había quedado dormido en el sofá después de comer, mientras sus padres veían una película y Diana pegaba cromos de Pokémon en su nuevo álbum. Él se había quedado como un tronco y había tenido un sueño muy extraño. Estaba todavía desperezándose, cuando vio la cara de su hermana Diana aparecer de la nada, a dos centímetros de él.

—¿Has visto un fantasma, Álex? —exclamó Diana entre risas. ¡Menuda cara tienes!

—¡Ay, qué susto, Diana! Déjame tranquilo, he tenido una pesadilla rarísima y no tengo ganas de bromas.

—Hala, ¿qué has soñado, Álex? ¡Cuéntamelo! —insistió Diana tirándole de la manga de la chaqueta.

—Pues no me acuerdo de todo, siempre se me olvida lo que sueño, pero recuerdo que había una reina con cara de malas pulgas y un collar muy raro en el cuello, que me encerraba en una habitación… ¡y me obligaba a comer un montón de libros que estaban apilados en el suelo!

Diana se empezó a reír.

—¡Ja, ja, ja! ¡Pero vaya sueño más loco, Álex!

—¡No tiene gracia, Diana! Me he despertado con dolor de tripa, de todos los libros que me ha hecho comer.

—Pero si era en el sueño… Y los sueños, ¡sueños son! —respondió Diana, mientras se reía.

—Ya, pero es como si todavía notase los libros bajando por mi esófago… —dijo Álex con cara de agobio.

—¡Menudo exagerado! Seguro que la reina lo hacía porque lees muy poco. Papá y mamá siempre te dicen que leer es superimportante para tener más vocabulario y expresarte mejor. ¡La reina solo intentaba que te gustaran más los libros! —se burlaba Diana.

—Pues a ti la profe de Lengua te dice que tienes muchas faltas de ortografía, así que creo que no soy el único al que le hace falta leer un poco más —dijo enfadado Álex.

—¡Dejad de pelear! —exclamó la madre. Los dos deberíais leer un poco más. Ya os lo dicen los profes en el cole. Y ¿os acordáis de qué os dijeron cuando celebraron el día del libro en el cole?

3

—Sííí —dijeron los dos al unísono.

—Que leer debería ser un placer —añadió Álex—, y que no hay que leer mucho tiempo un día y luego no leer más en semanas, sino leer un ratito todos los días.

—¡Aunque eso depende de si el libro es chulo o si es un rollo! —dijo Diana—. ¡A mí me gustan los de aventuras!

—A mí me gustan los históricos —dijo Álex—. Me encanta cuando los libros te cuentan cosas de otras épocas, de luchas, de caballeros, de... ¡Ahora lo entiendo!

—¿El qué? —preguntó Diana, que no entendía qué decía su hermano.

—¡Mi sueño! Acuérdate de que uno de los libros que vinieron a presentarnos en el cole era una versión infantil de Romeo y Julieta, un libro donde aparecía una reina que se llamaba Maribel I.

—¡Isabel, no Maribel! —dijo Diana, tirada por los suelos de la risa.

—Bueno, ¡eso! Nos contaron que en la época en que se escribió Romeo y Julieta, había una reina que se llamaba Isabel I. ¡Yo creo que es la reina que me ha hecho zampar todos los libros de mi sueño!

4

—¡Tienes a Romeo y a Julieta bailando en tus tripas!

—Qué historia tan triste, ¿te acuerdas? Estaban superenamorados, pero como las familias se llevaban fatal, no podían estar juntos. Se tenían que ver a escondidas.

—Seguro que se escribían cartas de amor —suspiró Diana con cara de enamorada.

—Ponían: «¡Al verte, mi corazón palpita como una patata frita!».

—Me da que utilizaban otras palabras más elegantes, Álex. En esa época, la gente hablaba muy bien. ¿Ves? Te hace falta tener más vocabulario…

—Ti hici filti tinir mis viquibiliri —le contestó Álex, visiblemente enfadado por la burla de su hermana.

—No te enfades, ¡que era solo una broma! —dijo Diana.

—Vale, pero es que me aburrooo —dijo Alex—. Podríamos hacer algo, no sé, ¿vemos un vídeo en YouTube? Algo de aventuras…

—¡Si queréis una aventura, lanzaos a la lectura! —gritó su madre desde la cocina.

No le hicieron mucho caso y se marcharon a la habitación, encendieron el ordenador y entraron a YouTube.

—¿Qué vemos, Diana?

—Como se entere mamá de que hemos encendido el ordenador, nos va a caer una buena…

—Podemos buscar algo que tenga que ver con la lectura y así matamos dos pájaros de un tiro.

—Pero Álex, yo no quiero matar ningún pájaro.

—Ja, ja, ja. ¡Es una frase hecha, Diana! Quiere decir que podemos hacer dos cosas a la vez: por un lado, vemos algún vídeo y, si ese vídeo tiene que ver con la lectura, mamá también estará contenta.

—Mmm… Vale, es buena idea. Pues podemos buscar algún vídeo sobre la Armada Invencible. El otro día, en clase, Don Bruno nos dio un texto para leer sobre ella, y me pareció una pasada. Había batallas, piratas, tesoros…

—¡Eso suena a aventuras! Voy a buscar, a ver si veo algún vídeo de piratas. ¡Suena genial!

Álex escribió en el buscador de YouTube «Armada invencible piratas», pulsó Enter y, de repente, la pantalla del ordenador se puso negra.

6

—¡Ahí va! ¿Qué ha pasado?

—Mira, Álex, ¡están apareciendo letras!

En la pantalla, aparecieron unas letras rojas llameantes, que formaban un mensaje:

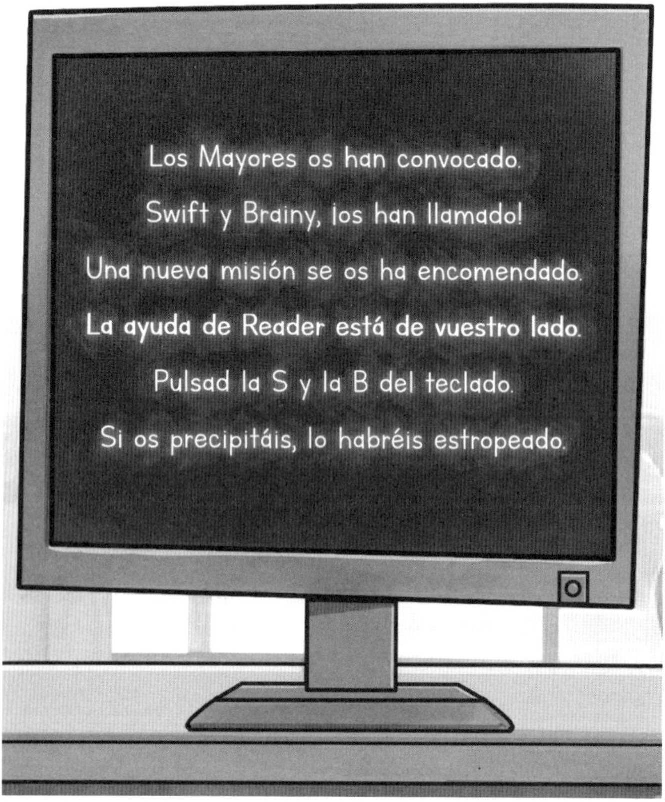

Los Mayores os han convocado.

Swift y Brainy, ¡os han llamado!

Una nueva misión se os ha encomendado.

La ayuda de Reader está de vuestro lado.

Pulsad la S y la B del teclado.

Si os precipitáis, lo habréis estropeado.

Álex y Diana se miraron supernerviosos; parecía que por fin tenían una nueva misión. La anterior les había encantado; eso de conocer a los mayores genios de la historia los había dejado alucinados. ¿Qué aventuras vivirían en esta misión?

—Venga, Diana, ¿pulsamos las teclas, entonces?

—Sííí —gritó Diana, que ya iba como un cohete a pulsar las dos teclas.

—¡Espera! —exclamó Álex—. Dice que no nos precipitemos. Y, en otras aventuras, hemos aprendido lo importante que es parar y pensar antes de actuar. No sabemos si las tenemos que pulsar los dos o solo uno, o si cada uno ha de pulsar una tecla.

—A ver, pensemos, entonces… Si tenemos que pulsar la S y la B, que son las iniciales de Swift y Brainy… Yo creo que yo tendré que pulsar la S y tú, Álex, la B —razonó Diana.

—Vale, Diana, pues a la de tres. Una… dos… y… ¡tres!

Al pulsar las teclas, del ordenador salió el sonido de unas trompetas ensordecedoras y les dio un susto de muerte.

Parecía el sonido de las trompetas reales, que anuncian la llegada de unos reyes. Al mismo tiempo, una luz cegadora invadió la habitación. ¡Los chicos no veían nada!

Cuando la intensidad de la luz fue bajando, miraron a su alrededor, y vieron que ya no estaban en su habitación. Se encontraban en una sala muy grande de lo que parecía un palacio, donde se estaba celebrando un banquete.

¡Habían viajado de nuevo en el tiempo! Se miraron y descubrieron que sus trajes eran un tanto peculiares.

10

De pronto, unas trompetas volvieron a sonar.

—¡Me quedo sorda, Brainy!

—¿Qué? ¡No oigo nada, Swift!

La música paró de repente, y un mensajero real apareció portando un pergamino que desenrolló y empezó a leer a la audiencia, primero en inglés y, posteriormente, en varios idiomas, entre ellos el castellano:

«Por orden de la reina Isabel I, queda inaugurada la celebración por el 30 aniversario de su coronación, que fue llevada a cabo el 17 de noviembre de 1558. Que comience el baile».

La gente comenzó a bailar, elegantemente, de un lado a otro de la sala.

—¿Estamos en 1588, Swift?

—Eso parece, Brainy. Estamos en la época de la reina Isabel I, la que te hizo comer los libros en tu sueño.

—Oh, ¡es verdad! Estamos en la Edad de Oro, en Inglaterra, en la época isabelina.

—Han venido a celebrarlo embajadores de varios países, por eso han leído el mensaje en varios idiomas.

—¡Pues menos mal! —dijo Swift—. ¡Tengo mi inglés un poco oxidado!

De repente, el mensajero real se acercó a ellos:

—Este mensaje es para vosotros —les dijo. Y les dio un pergamino sellado con cera roja, y con las iniciales SB.

Brainy rompió el sello de cera, y comenzó a leer la carta.

Queridos Brainy y Swift:

¡Bienvenidos a la nueva misión!

Con ayuda de Reader y de varios objetos clave, típicos de esta época, iréis resolviendo los acertijos, que os permitirán tener éxito y llegar al final.

A lo largo de esta misión, tendréis que fortalecer vuestro lenguaje, y eso os permitirá conseguir una nueva medalla, que se sumará a las ya conseguidas en misiones anteriores. En esta, si triunfáis, conseguiréis el poder del ¡superlenguaje! Abrid bien los ojos, engrasad vuestro vocabulario, agudizad vuestra comprensión, afinad la ortografía y saldréis victoriosos.

Fdo. Los Mayores.

12

Miraron el pergamino por detrás, por si hubiese alguna pista más; pero nada.

—Aquí no hay nada más —exclamó Brainy.

Volvió a enrollar el pergamino, y se lo entregó al mensajero. Cuando miró a su hermana, la vio rascándose el cuello, porque el vestido de época tenía unos volantes bastante grandes alrededor que picaban mucho.

—¡Ay, Brainy, no lo aguanto! Me pica más que cuando tuve varicela, no puedo parar de rascarme.

—Swift, yo también lo llevo, y no es para tanto. Era el traje de la época, y todo el mundo lo llevaba. Espera, que miro si lo llevas bien puesto.

Cuando Brainy se acercó, descubrió que el collar de su hermana tenía unas letras por dentro, bordadas con un hilo grueso.

—Swift, creo que tienes un mensaje dentro de tu collar. ¡Quítatelo!

Swift se quitó el collar y extendió los pliegues, hasta que pudieron leer lo que ponía:

Sumad las sílabas de las palabras a continuación:

bailes, celebraciones, torneos, navío,
Julieta, Romeo.

Cuando tengáis el resultado, id al espejo
del fondo de la sala y colocaos delante.

Decid en voz alta, los dos a la vez,
el número exacto de sílabas.

—Swift, vamos palabra a palabra, y luego sumamos el total. Aunque, por si acaso, le podemos pedir a Reader que nos ayude, por si hay diptongos e hiatos, que a mí eso me lía un montón.

—¡A mí también! Reader, ve anotando en un papel las sílabas de cada palabra.

14

¿Cuántas sílabas tiene *bailes*?

¿Cuántas sílabas tiene *celebraciones*?

¿Cuántas sílabas tiene *torneos*?

¿Cuántas sílabas tiene *navío*?

¿Cuántas sílabas tiene *Julieta*?

¿Cuántas sílabas tiene *Romeo*?

—Vale, yo creo que ya tengo el número final de sílabas, Swift. A mí me salen diecinueve.

—¡Brainy, a mí me salen veintidós!

—¡Reader, ayúdanos! ¿Cuál de los dos tiene razón? Si crees que tenemos que decir veintidós, ve a la página 70; si crees que la respuesta correcta es diecinueve, ve a la página 35.

16

—¿Ves, Brainy? ¡Yo tenía razón! Reader piensa lo mismo que yo —dijo Swift. Y, sin esperar un minuto, se acercó a la llama y le gritó a la cara las respuestas—: ¡Azotea, Machu Picchu, no inventaron el fuego, creían y rezaban a muchos dioses y juegos deportivos!

La llama miró fijamente a Swift y le escupió. ¡Las llamas escupen cuando se sienten incómodas! Y a esta llama no le gustaban nada los errores.

—¡Puag! Reader, ¡nos hemos equivocado! Azotea no es correcta, la agricultura típica de los incas se conoce como agricultura en terraza.

—Volvamos a la página 34, Reader. Aquí no hay nada más que hacer… Bueno, ¡seguir limpiándome!

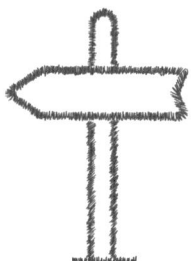

—¡Es verdad, Reader! Menos mal que estás para ayudar-nos. Tenemos que cambiar estas dos: *ay* y *savia* —sugirió Swift.

—Claro, tenemos que poner *hay,* con hache, que es del ver-bo *haber*; y *sabia,* con be, que es de saber mucho. *Savia,* con uve, es el líquido que llevan los árboles, y *ay,* sin hache, es una interjección —explicó Brainy.

—¿Una interjección? ¿Y cuándo utilizamos eso? —preguntó gesticulando Swift, lo que hizo que se diese un golpetazo con la mano en el barril y gimiese—: ¡Ay!

—¿Ves, Swift? Sí que sabes utilizarlo —dijo Brainy partién-dose de risa.

—¡Qué graciosillo, Brainy! Venga, pues voy a cambiar estas dos.

Swift cambió las palabras que habían marcado equivoca-damente y, finalmente, dejó las siguientes: *haya, hola, hay, sabia, tuvo.*

18

Las cinco palabras cambiaron de forma y tamaño, haciéndose más gruesas y grandes. ¡Eran las correctas! De pronto, el cofre se abrió y los chicos observaron el contenido.

—¡Comida! —gritaron, al unísono, Swift y Brainy.

Era un cofre de alguna expedición marítima, y estaba repleto de comida. Probablemente, un golpe de mar lo había tirado de algún barco. Había queso, aceite, pescado y carne de cerdo en salazón (era la manera de que aguantara sin estropearse en esas expediciones tan largas), arroz, habas y guisantes, unas garrafas de agua y unos panes duros.

—¡Tengo un hambre que da calambre! —exclamó Swift.

—¡Yo creo que tengo un agujero en mis tripas! —dijo Brainy.

Y se pusieron manos a la obra; comieron y bebieron para recuperar toda la energía posible. Swift intentó morder el pan, pero estaba muy duro.

—¡Está como una piedra! —protestó llevándose la mano a la boca.

—A saber el tiempo que lleva ahí dentro —exclamó Brainy. ¡Mójalo en agua, como hacemos en casa con la leche y las galletas! ¡Así se reblandecerá!

—No me hables de galletas —se quejó Swift—. Ojalá unos peces hechos de galletas Oreo viniesen nadando hacia mí…

—Así sí que comeríamos pescado, ¿verdad? —rio Brainy.

Swift mojó el pan, que se reblandeció un poco, y pudo comerlo. Tenían tanta hambre que no dejaron nada; se comieron hasta las habas, los guisantes y el pan duro.

—¡Uff, tengo la tripa llena! —exclamó Swift.

20

—¡Tengo un poco de empacho! —dijo Brainy—. Y con la tripa llena, a mí me entra un sueño… —añadió. Y miró a Swift, que empezaba a bostezar—. Podemos cerrar un poquito los ojos y descansar; el mar está tranquilo, y nos viene bien reponer fuerzas para luego poder remar hasta llegar a tierra.

Cuando miró a Swift, ya estaba dormida como un tronco, roncando. Brainy hizo lo mismo, cerró los ojos y se durmió.

Al cabo de un rato, Brainy se despertó cuando algo caliente le manchó la cara. ¡Un pájaro le había hecho caca en la cara!

—¡Puag! —se quejó, mientras se limpiaba la cara.

Cuando miró alrededor, vio que estaban en una especie de playa. Mientras habían estado durmiendo, las olas los habían ido dirigiendo hacia tierra, y los barriles se habían quedado hundidos en la arena.

—¡Swiiift! ¡Tierra!, ¡hemos llegado a tierra!

Swift abrió los ojos, y vio una playa con unas palmeras y unas figuras con unos símbolos que salían de la arena.

22

—Pero ¿se puede saber dónde estamos? —preguntó Swift.

—No sé, pero me da la sensación de que no estamos en España… Mira qué ropas más raras llevan los habitantes de este lugar —señaló Brainy.

Los chicos salieron de los barriles y empezaron a inspeccionar la zona. Dejaron atrás la playa y se metieron en la selva, para intentar averiguar dónde estaban. Iban tan concentrados, observándolo todo alrededor, que Brainy tropezó con algo que sobresalía del suelo, y acabo pegándose un porrazo.

—¡Ay, qué daño! ¿Con qué me he tropezado?

Los dos miraron el trozo que sobresalía del suelo, quitaron el polvo y vieron que parecía una figura. Decidieron desenterrarla y, cuando la sacaron a la superficie, se quedaron muy sorprendidos: tenía la forma de una mujer, con el pelo largo, la cara delicada, y el cuerpo con forma femenina.

—Mira, Brainy, es una mujer. ¿Quién será?

—No tengo ni idea —respondió Brainy, dando la vuelta a la figura, para verla bien por todos los lados. En la base de la figura, Brainy vio un símbolo, como un espiral rodeado de pequeños dibujos.

—Mira qué dibujo más raro tiene en la parte de abajo —exclamó Brainy, que limpió el dibujo con la mano para quitarle la tierra que tenía pegada, al haber estado enterrada.

En ese momento, al apretar con su mano el dibujo, un fuerte viento empezó a soplar y a mover los árboles.

24

Uno de los troncos de los árboles tomó la forma de la figura que acababan de desenterrar, y comenzó a hablarles:

—Soy la diosa Madre Tierra, también conocida como Pachamama. Bienvenidos a Perú. Habéis llegado a un pueblo llamado Vilcabamba, perteneciente a la civilización inca. Yo soy la diosa de la fertilidad, de las cosechas, de las montañas y los terremotos. Vivo en las rocas sagradas o en los troncos de los árboles legendarios.

—¡Uau!, ¡qué pasada, Brainy! ¡Estamos hablando con una diosa! —gritó Swift.

—No grites tanto, que estoy a tu lado —se quejó Brainy.

—¡Es que estoy muy nerviosa! —exclamó Swift—. Y ¿qué estamos haciendo aquí, Señora… Doña… Diosa Pachamama?

—Llamadme Madre Tierra —rio la diosa, al ver el lío que tenía Swift para dirigirse a ella.

—¡Vale, Madre Tierra! ¡Qué nombre más guay! —exclamaron al unísono los chicos.

—Seguís avanzando en vuestra misión, y habéis llegado a territorios del Nuevo Mundo, que descubrieron hace unos cuantos años unos navegantes encabezados por Cristóbal Colón.

—¡Nos habló de él Don Bruno en clase! —exclamó Brainy.

—Como Madre Tierra, es mi obligación cuidar de la naturaleza, y por eso os pido ayuda, para que estas tierras recuperen su esplendor. La erupción de un volcán ha dejado los ríos contaminados de azufre, cientos de árboles arrasados y muchos animales sin alimento.

—Y ¿cómo podemos ayudar? —preguntó Swift.

—El dios del volcán y del rayo, Tunupa, ha escrito mediante rayos un texto en la corteza de un árbol. Ha elegido ese árbol porque tiene una forma especial y característica del rayo. Vuestra misión es encontrar el árbol, leer con atención, comprender ese texto y responder unas preguntas sobre lo que habéis leído. Si respondéis a todas las preguntas correctamente, los árboles sanarán y crecerán de la tierra

otros cien árboles nuevos. ¡La Madre Tierra depende de vuestra comprensión lectora! ¡Mucha suerte!

De repente, la corteza del árbol tomó su forma habitual, y la Pachamama desapareció.

—¡La comprensión lectora se me da fatal, Brainy! —exclamó Swift.

—No te precipites, que primero tenemos que encontrar el dichoso árbol —se quejó Brainy—. ¿Cómo sabremos cuál es?

—Tenemos que buscar uno con forma especial o extraña, que haya sido elegido por eso por el dios del volcán y el rayo.

Empezaron a caminar por la selva, sin saber muy bien qué estaban buscando. Iban apartando hojas y ramas, y veían zonas de selva quemadas por la erupción del volcán, con muchos árboles negros.

—¡Qué pena! Esto me recuerda a la erupción del volcán de la Palma, en España —exclamó Swift.

—¡Sí, es verdad! Me daba mucha pena cuando lo veía en la tele —se lamentó Brainy.

Los chicos caminaron un buen rato más, y ya empezaban a estar cansados cuando, de repente:

—¡Lo tenemos! —gritaron los dos a la vez.

Delante de ellos, crecía, majestuoso, un árbol con un tronco en forma de zigzag o rayo.

—¡Tiene que ser este! Si el dios que ha escrito el texto es el del rayo, no puede elegir otro un árbol.

Los chicos rodearon el árbol y, en la parte de atrás, encontraron el mensaje.

—¡Es muy largo! —exclamó Swift.

—Mira, nos cuenta cosas típicas de los incas. Yo creo que puede molar saber más de esta civilización —respondió Brainy.

—¡Venga, tienes razón! —exclamó Swift—. Vamos a leerlo con atención. Tú también, Reader, te aconsejo que vayas imaginándote en tu cabeza lo que vas leyendo, como si fuera una peli. Eso ayuda mucho a recordar lo que lees y a comprenderlo mejor.

—Y otro truco que nos dio Don Bruno en clase fue que, de cada párrafo, sacáramos una idea principal o un titular, y que subrayáramos alguna palabra clave —dijo Brainy.

Comenzaron a leer el texto:

LOS INCAS VIVÍAN DE LA AGRICULTURA, CULTIVANDO MAÍZ, PATATAS Y OTROS ALIMENTOS EN LAS LADERAS DE LAS MONTAÑAS. INVENTARON UNA TÉCNICA DE CULTIVO LLAMADA «TERRAZASTERRAZAS».

UNO DE LOS LUGARES MÁS FAMOSOS DE LA CIVILIZACIÓN INCA ES MACHU PICCHU, UNA CIUDAD CUYO NOMBRE SIGNIFICA "MONTAÑA VIEJA", Y QUE ES CONSIDERADA UNA DE LAS MARAVILLAS DEL MUNDO.
LOS INCAS FUERON BUENOS ARQUITECTOS, HICIERON CAMINOS Y CARRETERAS E INVENTARON LOS PUENTES DE CUERDA COLGANTES. TAMBIÉN DESCUBRIERON EL FUEGO.

LOS INCAS CREÍAN EN MUCHOS DIOSES, LES REZABAN Y LES OFRECÍAN SACRIFICIOS ANIMALES. PACHAMAMA ERA UNA DE LAS DIOSAS MÁS VENERADAS.

CELEBRABAN FIESTAS ANUALES EN HONOR AL DIOS SOL, LLAMADO INTI, EN LAS QUE SE COMÍA Y SE BEBÍA, Y EN LAS QUE LOS MÁS JÓVENES SE ENTRETENÍAN CON JUEGOS DEPORTIVOS.

FUE UNA CIVILIZACIÓN ADELANTADA A SU TIEMPO, Y MUCHOS DE SUS AVANCES PERDURAN HOY EN DÍA.

—Vale, pues yo ya lo he leído —exclamó Brainy.

—Yo también —dijo Swift.

—Y ¿dónde estarán las preguntas? —quiso saber Brainy.

De repente, los arbustos empezaron a moverse. ¡Había algo o alguien acercándose hacia ellos! Los chicos se escondieron detrás del árbol, y vieron aparecer una llama entre la vegetación.

—¡Es una llama! —exclamó Brainy.

—¿Hay llamas? ¿Dónde? ¿Está ardiendo el bosque? —preguntó Swift.

—¡Ja, ja, ja! Llama de animal, no de fuego. La llama es un animal muy típico de Perú y de los incas. Las utilizaban para transportar cosas.

—Precisamente lleva unas alforjas. ¿Qué llevará dentro?

Los chicos se acercaron a la llama, ya sin miedo, y examinaron las alforjas. De ellas sacaron cinco tablillas, con una pregunta escrita en cada una. Estaban atadas con una larga hoja que decía: «Decidle las respuestas a la llama».

—¡Vamos a concentrarnos, Reader! Si las acertamos todas, haremos que los bosques y los ríos vuelvan a la normalidad. Ve apuntando las respuestas correctas en un papel.

En la primera tabla figuraba la siguiente pregunta

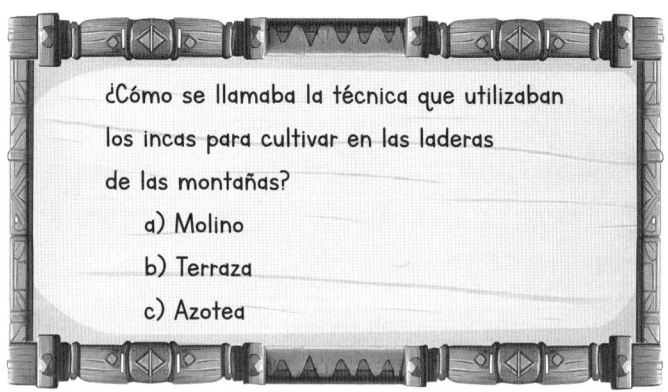

—¿Cuál es la correcta, Reader?

La segunda tabla tenía esta pregunta:

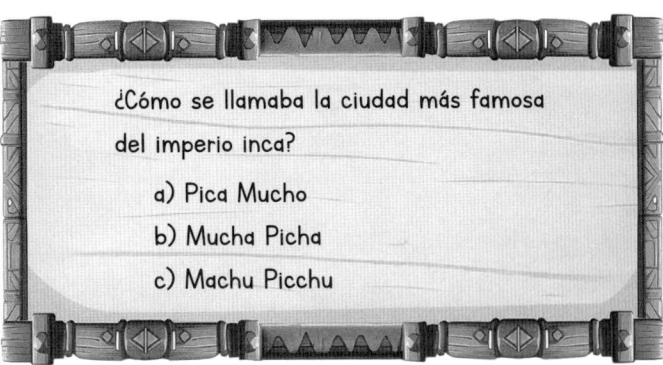

¿Cómo se llamaba la ciudad más famosa del imperio inca?

a) Pica Mucho

b) Mucha Picha

c) Machu Picchu

—Apunta la opción correcta en tu papel, Reader.

—Vamos a por la tercera pregunta, Swift. ¡Atento, Reader!

En el siguiente párrafo hay un error. ¿Sabes cuál es?

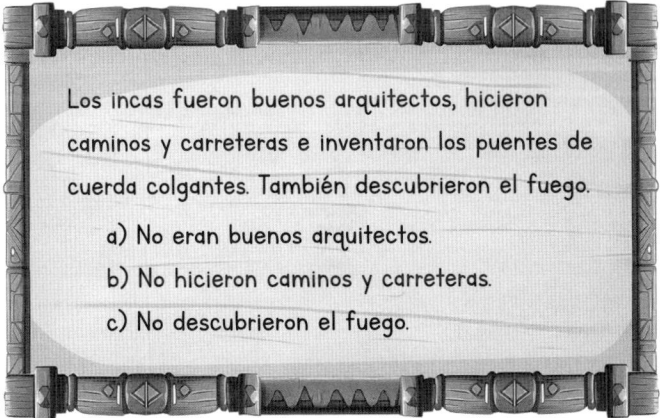

Los incas fueron buenos arquitectos, hicieron caminos y carreteras e inventaron los puentes de cuerda colgantes. También descubrieron el fuego.

a) No eran buenos arquitectos.

b) No hicieron caminos y carreteras.

c) No descubrieron el fuego.

—¿La tienes, Reader? ¡Anótala!

—¡Esta ya es la cuarta, Brainy! A ver qué dice.

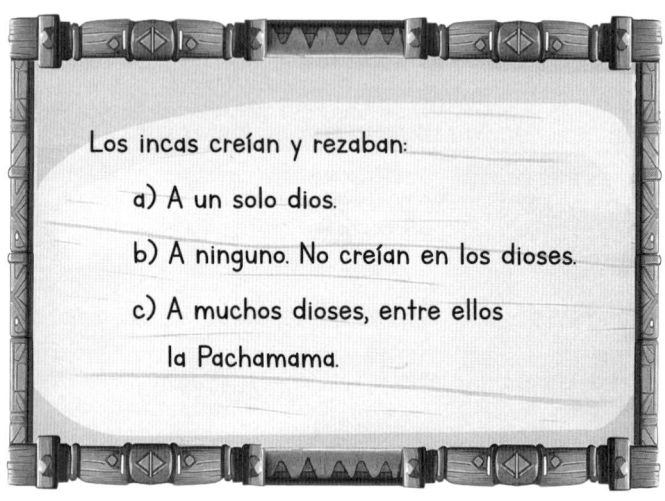

Los incas creían y rezaban:

a) A un solo dios.

b) A ninguno. No creían en los dioses.

c) A muchos dioses, entre ellos
   la Pachamama.

—¿La sabes, Reader? ¡Apunta, apunta!

—Y la última pregunta dice:

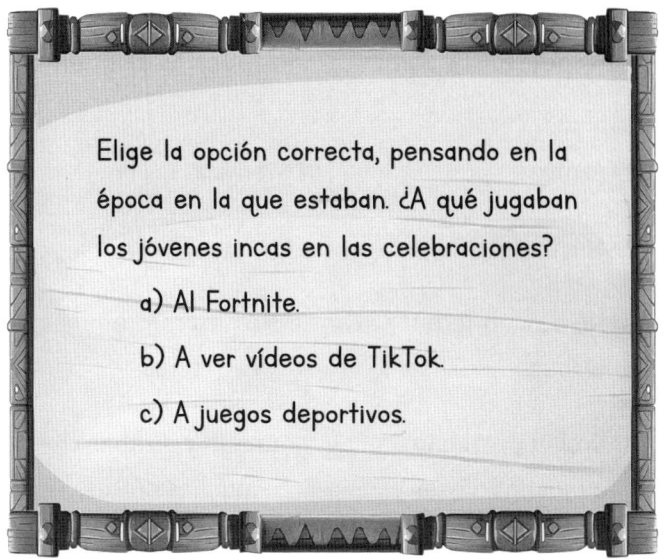

Elige la opción correcta, pensando en la época en la que estaban. ¿A qué jugaban los jóvenes incas en las celebraciones?

a) Al Fortnite.

b) A ver vídeos de TikTok.

c) A juegos deportivos.

—¿Tienes las cinco respuestas correctas, Reader? Repasa tus respuestas.

—¡Yo también las tengo, Brainy! Dime a ver si son las mismas que las tuyas —dijo Swift.

Las respuestas que había elegido Swift eran diferentes a las de Brainy:

Respuestas de Swift	Respuestas de Brainy
1ª Azotea.	1ª Terraza.
2ª Machu Picchu.	2ª Machu Picchu.
3ª No descubrieron el fuego.	3ª No hicieron caminos y carreteras.
4ª Creían y rezaban a muchos dioses.	4ª Creían y rezaban a muchos dioses.
5ª A juegos deportivos.	5ª A juegos deportivos.

—Reader, las respuestas que has apuntado tú ¿coinciden con las respuestas de Swift o con las mías?

Si crees que las respuestas de Swift son correctas, pasa a la página 16; si crees que las respuestas correctas son las de Brainy, adelanta a la página 100; si crees que los dos están equivocados, ve a la página 52.

Se miraron y, una vez situados frente al espejo, gritaron:

—¡¡¡19!!!

Al momento, dejaron de verse reflejados en el espejo y, en su lugar, apareció la figura de un pirata.

—¡Ah! ¡Swift y Brainy! Soy sir Francis Drake, el corsario más temido y feroz, el azote de los mares. Habéis acertado el número de sílabas. Os necesito de grumetes para aumentar mi fortuna y saquear barcos.

Y, sin más, sacó su brazo del espejo, agarró a los chicos y los metió dentro del espejo. Cuando Swift y Brainy miraron a su alrededor, se dieron cuenta de que ¡estaban en un barco de la flota de sir Francis Drake! Sus ropas eran como las de un marinero más, y a su alrededor había más naves.

—Creo que estamos en un barco inglés, Brainy. No entiendo ni papa de lo que dicen los marineros.

—Sí, Swift, hablan en inglés. ¡Pon el oído, e intenta comprender qué dicen! —Los chicos pusieron el oído, para intentar entender. Brainy dijo—: Creo que están diciendo algo de… ¡atacar barcos españoles!

—¡Yo me quiero ir de aquí, Brainy! No quiero ayudar a este pirata a robar barcos. Según leí, era muy cruel y, con el apoyo de la reina Isabel I, saqueaba y destruía barcos españoles que venían del Nuevo Mundo, robaba lo que podía y capturaba a sus rivales.

—¿Y qué podemos hacer?

Se escondieron detrás de unos barriles que había en la cubierta, intentando descubrir una manera de salir de allí. En todos ponía la palabra **GOLD** («oro», en inglés). Era el botín de los saqueos. No se les ocurría nada y Swift, enfadada, dio unas patadas a unos barriles que estaban un poco más apartados. Y estos sonaron huecos… ¡Estaban vacíos!

—¡Lo tengo, Brainy! Creo que sé cómo podemos salir de aquí. Nos esconderemos dentro de estos barriles, como si también estuviesen llenos de oro y joyas. He oído a unos

marineros decir que estábamos llegando a puerto, y que iban a llevar el botín, para no perderlo en la batalla.

—¡Qué gran idea, Swift! —exclamó Brainy.

Se escondieron en los dos barriles vacíos, uno pegado al lado del otro. Las tablas de los barriles tenían rendijas, que permitían que entrase algo de luz y que los chicos pudiesen hablar.

Dentro, vieron que, en las maderas de los barriles, había escritas algunas frases partidas por la mitad y otras frases parecían una combinación secreta, ya que mezclaban letras y números. En la tapa del barril, figuraba el siguiente mensaje:

PODRÉIS ESCAPAR
SI ESTAS FRASES LOCAS PODÉIS DESCIFRAR

—Swift, ¿tú también tienes mensajes en tu barril? —preguntó Brainy desde su barril.

—Sí, pero no los entiendo. ¡Algunos están cortados y otros mezclan letras y números! —se quejó Swift.

40

Creo que podremos reconocer las palabras con un poco de esfuerzo—exclamó Brainy.

—De todas formas, Reader, ayúdanos. Vayamos mensaje a mensaje. Ve diciendo en alto la solución a cada frase.

La flota de Francis Drake derrotó a la Armada Invencible de Felipe II en 1589

—¿Qué pone aquí, Reader? Dilo bien alto.

UnO d3 lOs escrltOr3s m4s f4mOsOs de 3st4 3pOc4 fu3 Wllll4m Sh4k3sp34r3, qu3 3scrlblO ROme0 y Jull3t4.

—¿Qué pone aquí, Reader?

El principal rival de Inglaterra en esta época
era España, donde reinaba Felipe II.

—¿Qué pone aquí, Reader?

3l t34tr0 ls4b3lln0 s3 hlz0 muy f4m0s0,
y 3l públlc0 tlr4b4 c0s4s 4 l0s 4ct0r3s
sl n0 l3s gust4b4 l4 0br4.

—¿Qué pone aquí, Reader?

Isabel I pertenecía a los Tudor
y su madre Ana Bolena murió decapitada
por orden del rey Enrique VIII, su esposo

—¿Qué pone aquí, Reader?

Tras descifrar los cinco mensajes con información clave de la época isabelina, los barriles en los que estaban escondidos comenzaron a temblar.

—¡Brainy, parece que vamos a despegar!

Los barriles se propulsaron desde la cubierta del navío en el que estaban, y cayeron al mar. Al ser de madera, hicieron las veces de barca, y permitieron a Swift y a Brainy alejarse poco a poco del barco de sir Francis Drake. El pirata no se percató de nada, ya que estaba mirando mapas, preparando su próximo ataque a buques españoles.

—Swift, tenemos que llegar a tierra pronto. No aguantaremos mucho tiempo a mar abierto. ¡No tenemos comida ni bebida!

—Lo sé, Brainy, tengo un hambre… ¡Tengo las tripas que podrían dar un concierto, del ruido que hacen!

—¡Y estoy agotada! —añadió Swift.

—Yo creo que deberíamos esperar a que nos recoja algún barco —dijo Brainy.

—¿Y si vuelven los piratas? —preguntó Swift.

La cara de Brainy cambió al recordar al pirata Drake.

—Deberíamos remar, aunque sea con los brazos —dijo.

—¿Y si hay tiburones? —volvió a preguntar Swift.

—Swift, no podemos pensar en eso. Tenemos que hacer algo para salir de aquí. ¡Mantengamos la mente ocupada! Podemos jugar a las palabras encadenadas mientras remamos —propuso Brainy.

—Venga, así no pienso en tiburones mordedores de manos. ¡Ayúdanos, Reader! Piensa con nosotros palabras que empiecen por la última sílaba de la palabra que nosotros digamos. Aunque no digas las mismas, nos puede venir bien para engrasar nuestro vocabulario y ganar fluidez. Así estarás preparado para ayudarnos durante toda la misión.

—¡Empiezo yo! —dijo Brainy mientras empezaba a remar con sus brazos—. Eh… ¡Pira**ta**! ¡Vamos, Reader, piensa una palabra que empiece por la última sílaba de *pirata*!

—¡Me toca! —gritó Swift. ¡Ta**bla**! Es tu turno, Reader.

—¡Blan**co**! —dijo Brainy. A ver cuál se te ocurre a ti, Reader.

—¡Corsa**rio**! ¡Que es la palabra elegante para decir pirata!
—rio Swift.

—Rioja —dijo Brainy.

—¡Eso no existe! —protestó Swift.

—Que sí, que es una comunidad autónoma; fui de excursión con el cole el año pasado —dijo Brainy—. No pongas excusas y dime una palabra que empiece por la última sílaba de Rioja… ¡Y tú también, Reader!

Brainy miró a su hermana y se dio cuenta de que ya no le estaba escuchando.

—Swift, ¿qué estás mirando?

Swift tenía la mano encima de los ojos, haciendo de visera, e intentaba enfocar la vista hacia algo que parecía flotar cerca de ellos.

—¿Qué es eso, Brainy? —preguntó Swift señalando lo que parecía ser una caja de madera.

—¡Creo que es un cofre, Swift! Puede que se haya caído de algún barco, y que las olas y las corrientes lo hayan arrastrado hasta aquí.

Los chicos sacaron los brazos del barril y comenzaron a remar con ellos para acercarse al cofre. Cuando llegaron, comprobaron que estaba cerrado.

—Jo, Brainy, está cerrado a cal y canto. ¡Tenemos que conseguir abrirlo!

—¡Tiene que haber alguna pista por algún lado!

Analizaron el cofre con cuidado y descubrieron, en la parte posterior, una placa de metal que decía lo siguiente:

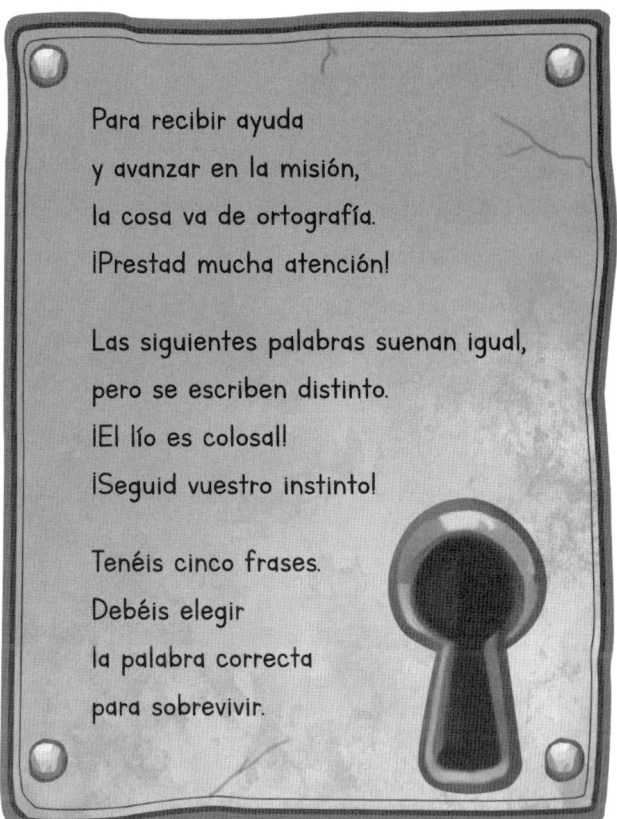

Para recibir ayuda
y avanzar en la misión,
la cosa va de ortografía.
¡Prestad mucha atención!

Las siguientes palabras suenan igual,
pero se escriben distinto.
¡El lío es colosal!
¡Seguid vuestro instinto!

Tenéis cinco frases.
Debéis elegir
la palabra correcta
para sobrevivir.

Al lado de la chapa, aparecían escritas las cinco frases:

1. Quizás **haya/halla** un tesoro escondido en el cofre.

2. Cuando sir Francis Drake apareció en el espejo, no nos dijo ni **ola/hola**.

3. **Ay/Hay** muchas posibilidades de que acertemos las palabras correctas.

4. La reina Isabel I fue una monarca muy **savia/sabia**.

5. Cervantes **tuvo/tubo** mucho tiempo para escribir Don Quijote de la Mancha.

—¡Son palabras homófonas, Swift! Nos lo explicó el otro día en clase Don Bruno. Son aquellas palabras que suenan igual, pero se escriben de manera diferente y, además, tienen distintos significados.

—Uy, vaya jaleo. Pero tenemos que hacerlo para poder avanzar. Vayamos frase a frase y, si tenemos dudas, le preguntamos a Reader.

—Yo creo que, en la primera frase, la palabra correcta es **haya** —exclamó Brainy.

Swift leyó la segunda y exclamó:

—¡Esta me la sé! *Hola* de saludo es con haçhe y *ola* del mar es sin hache. Así que aquí la correcta es **hola**.

—En la tercera creo que tenemos que elegir **ay**. La otra es una exclamación, y aquí no pega nada —aseguró Brainy.

—La de la reina es **savia**, porque era una reina listísima —exclamó Swift, eligiendo esa opción.

—Y la última es **tuvo**, de tener —dijo Brainy—. La otra, *tubo*, es como de tubería.

Así que marcaron esa opción. Hicieron un repaso a las palabras marcadas, que eran las siguientes: **Haya**, **hola**, **ay**, **savia**, **tuvo**.

—¿Crees que hemos elegido bien, Reader, o cambiarías algo?

Si crees que las cinco palabras son correctas, adelanta a la página 71. Si crees que tienen que cambiar alguna, retrocede a la página 17.

50

—¡Veintinueve! —dijeron, al unísono, los chicos y la tripulación de La Tricana.

Las velas se rasgaron y quedaron hechas pedazos.

—¡Ups, parece que la hemos pifiado, Reader!

Si traducís el mensaje, -----> 4
las velas arreglaréis. -----> 3
Ayudad a los soldados -----> 4
y a casa volveréis. -----> 3
Separad y contad -----> 3
las palabras del mensaje. -----> 4
El número es el billete -----> 5
para vuestro viaje. -----> 3

—¡Jo, en la cuarta frase puse que había tres palabras! Junté, sin darme cuenta, la *y* con la *a* —dijo Swift.

—¡Claro, pensabas que ponía *ya*! Pues no podemos ir a ningún lado con las velas así. ¡Tenemos que volver a la página 69!

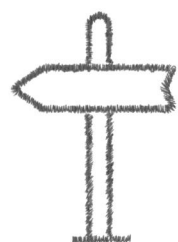

—¡No, Reader! ¡Nos hemos equivocado! —admitió Brainy—. Si rellenamos el texto con las palabras en el orden que hemos elegido, salen algunas frases absurdas. ¡Lee estas dos frases!

Consumían tres partes de su hacienda una olla con algo más de <u>negra que carnero</u>.

Ni tampoco <u>ropa vaca</u> casi todas las noches.

—¡Hay que cambiarlas o Cervantes no triunfará!

Vuelve a la página de la que venimos, y cambia el orden de las palabras.

—¡Reader, es verdad! ¡Los dos nos hemos equivocado y tenemos respuestas incorrectas! —exclamó Swift.

—Yo me acabo de dar cuenta de que los incas no descubrieron el fuego. ¡Aprendimos que lo hicieron en el Paleolítico! ¡Qué despiste! —gimió Brainy.

—¡Pues anda que yo! —exclamó Swift—. Que voy y digo que los incas inventaron la agricultura en azotea, y ¡es en terraza!

—¡Tú sí que estás mal de la azotea! —rio Brainy.

—Pues si ya las tenemos, vamos a decirle a la llama las respuestas correctas —dijo Swift.

Los chicos se cogieron de las manos y, mirando a la llama, dijeron:

—¡Terraza, Machu Picchu, no descubrieron el fuego, creían y rezaban a muchos dioses y juegos deportivos!

La llama los miró sonriente, se acercó al árbol zigzag, emitió un bramido y le dio una coz al árbol.

De repente, el suelo empezó a temblar, y cientos de árboles surgieron de la tierra como por arte de magia.

—¡Lo hemos conseguido, Brainy! ¡Hemos ayudado a la Madre Tierra! —gritó Swift llena de alegría, mientras los árboles seguían creciendo a su alrededor y aquellos quemados por el volcán recuperaban el color de su tronco y la frondosidad de sus hojas.

—Así, los animales tendrán alimento y un lugar donde vivir —aseguró Brainy. Y le dio un abrazo a la llama, que salió corriendo para evitar que la estrujasen a abrazos—. ¡No te vayas, amiguita! —exclamó Brainy, que salió corriendo detrás de su nueva amiga.

—¡Espérame! —vociferó Swift, y salió corriendo detrás de él.

Mientras corrían por la selva, detrás de la llama, iban viendo con inmensa alegría cientos de árboles nuevos, el río con las aguas cristalinas lleno de peces, el aire limpio lleno de pájaros revoloteando y vida, ¡mucha vida!

Mientras corrían detrás de la llama, empezaron a ver, a lo lejos, unas finas líneas de humo, que parecían salir de unas cabañas. ¡Iban corriendo en esa dirección! De repente, la llama paró de correr y, cuando miraron a su alrededor, vieron que se encontraban ¡en un poblado inca!

—Pero ¡qué pasada, Swift! ¡Nuestra amiga, la llama, nos ha traído hasta un pueblo inca!

La llama estaba a lo suyo con el resto de las llamas del poblado pero, cuando vio que los chicos la miraban, les guiñó un ojo.

—No sé para qué nos habrá traído aquí, lo mismo piensa que podemos ayudarlos en algo —dijo Swift.

Los chicos empezaron a caminar por el poblado, observando atentamente el día a día de sus habitantes. De pronto, empezaron a oír un ruido de tambores: ¡pumpumpum, pumpumpum, pumpumpum, pumpumpum!

Siguiendo el sonido, fueron saliendo del poblado, hasta llegar a una especie pirámide.

—¿Qué estarán haciendo ahí dentro, Brainy? —preguntó Swift, muerta de curiosidad—. ¿Nos asomamos?

—Pero con mucho cuidado, no se vayan a enfadar si metemos las narices en sus asuntos —susurró Brainy.

Los chicos subieron las escaleras exteriores y asomaron sus cabezas por una ventanita que había en la parte superior. Lo que vieron dentro los dejó sin palabras: ¡había un hechicero haciendo un conjuro! Los miró y les dijo:

—¡Swift, Brainy, os estábamos esperando, bajad!

Los chicos se miraron y, pese a que el hechicero les daba un poco de miedo, decidieron bajar.

58

—¡No temáis, amigos! ¡Sois bienvenidos en nuestro poblado! ¡La diosa Pachamama nos ha comunicado que habéis ayudado a la Madre Tierra! Y ahora somos nosotros los que os queremos ayudar. Si este hechizo que estoy haciendo funciona, os llevaréis de aquí un regalo que os será de mucha ayuda para triunfar en la misión —dijo el hechicero. Y continuó echando en la vasija hierbas, frutos y otras cosas que Brainy y Swift prefirieron no saber qué eran. Mientras lo hacía, repetía palabras que los chicos no entendían—: Viracocha Calancha Huanca, Viracocha Calancha Huanca, Viracocha Calancha Huanca…

Un humo espeso invadió la sala de los hechizos. Brainy y Swift empezaron a toser. Cuando el humo fue dispersándose, vieron que el hechicero sostenía entre sus manos un colgante dorado con una oreja y un ojo dibujados en el medio.

—¡Amigos, os concedo el regalo del collar Supertraductor! Solo podréis utilizarlo una vez en la misión, y os permitirá descifrar cualquier mensaje que oigáis o veáis, hablado o escrito, aunque sea en una lengua inventada o que no conozcáis. ¡Suerte con la misión!

El hechicero puso el colgante en el cuello de Brainy, se envolvió en su capa de colores y se transformó en un pájaro

que se alejó volando, ante la mirada atónita de los chicos.

—¡Ya podría habernos regalado la capa supertransformadora! —dijo Swift—. ¡Las bromas que gastaría en el cole convirtiéndome en lo que quisiera delante de los profesores!

—Sí, pero este collar nos ayudará mucho en la misión. Así podremos comunicarnos con todo el mundo y enterarnos de cualquier pista o mensaje! —exclamó Brainy, mientras observaba, fascinado, el colgante superbrillante en su cuello.

Swift se percató de un mensaje escrito en la capa del mago, que había quedado tirada en el suelo, que daba más detalles del collar.

FICHA TÉCNICA:

Nombre: Collar Supertraductor.

Para qué sirve: Permite al portador del collar descifrar cualquier mensaje, escrito o hablado, aunque sea un idioma desconocido o un código inventado.

Cómo utilizarlo: Una vez colgado del cuello, hay que presionar el dibujo del ojo

si se quiere traducir un mensaje escrito,

o el de la oreja si se trata de un mensaje oral.

El collar traducirá el mensaje,

y la persona que lo lleve puesto

podrá traducirlo y extraer su significado.

N.º de usos: Un uso por misión.

Cuando Brainy y Swift salieron de la pirámide, empezaba a anochecer, y temieron perderse si se metían en la selva. Así que decidieron ir en la dirección contraria a la que habían tomado al correr detrás de la llama. Según avanzaban, iban percibiendo el olor inconfundible del mar. ¡Estaban andando en dirección a la costa!

A lo lejos, vieron el fuego de unas antorchas, y no tan lejos —de hecho, justo detrás de ellos— oyeron el crujido de unas ramas y una voz que salía de detrás de unos arbustos diciendo:

—Y vosotros ¿quiénes sois?

Los chicos se dieron la vuelta. Delante de ellos se encontraron con un grupo de aventureros y exploradores.

62

—¿Qué hacéis aquí, niños? ¿Dónde vais? —les preguntaron los exploradores.

—¡Queremos volver a casa, a España! —gimió Swift.

—¿Sois españoles? —preguntó uno de los aventureros—. ¡Haberlo dicho antes!

—¡No sabíamos quiénes eráis! —exclamó Brainy.

—¡Claro, claro! —rio uno ellos—. Somos aventureros españoles, nos ha mandado nuestro rey Felipe II a conocer estas tierras. Estamos recolectando algunos frutos y semillas que son típicos de esta zona, para volver a España con nuevas materias primas.

—¿Volver a España? ¿Podríamos volver con vosotros? Llevamos viajando mucho tiempo.

—¡Os entendemos perfectamente! Cuando llevamos mucho tiempo fuera de casa, estamos deseando volver. ¡Venid, os llevaremos a casa!

Los chicos no se lo pensaron dos veces y siguieron a los aventureros, que se dirigían hacia un galeón que tenían amarrado en la costa.

63

Cuando Swift y Brainy llegaron a los barcos, vieron a más integrantes de la expedición: había varios cartógrafos haciendo mapas, un grupo de naturalistas estudiando hojas y semillas, y algunos expertos en navegación que preparaban la ruta de vuelta a España. Pero parecía que algo iba mal. El capitán del navío, que se encontraba en tierra, se acercó a ellos y se presentó.

—Bienvenidos a bordo, marineros. Soy Luis Álvarez de Aranda, comandante de este galeón llamado La Tricana. Tenemos un problema. Un rayo ha rasgado las velas del buque. En ellas aparecen unos símbolos muy raros, que no sabemos interpretar. Quizás podáis ayudarnos a encontrarle el sentido a esos dibujos.

Swift y Brainy se miraron y pensaron lo mismo. ¡Era el momento de usar el collar Supertraductor que les había regalado el hechicero inca!

—¡Enséñenos las velas! —le pidió Brainy al capitán.

El capitán los acompañó hasta cubierta, donde los chicos contemplaron las velas del barco desplegadas, rasgadas en algunas zonas, y con unos símbolos raros pintados en ellas.

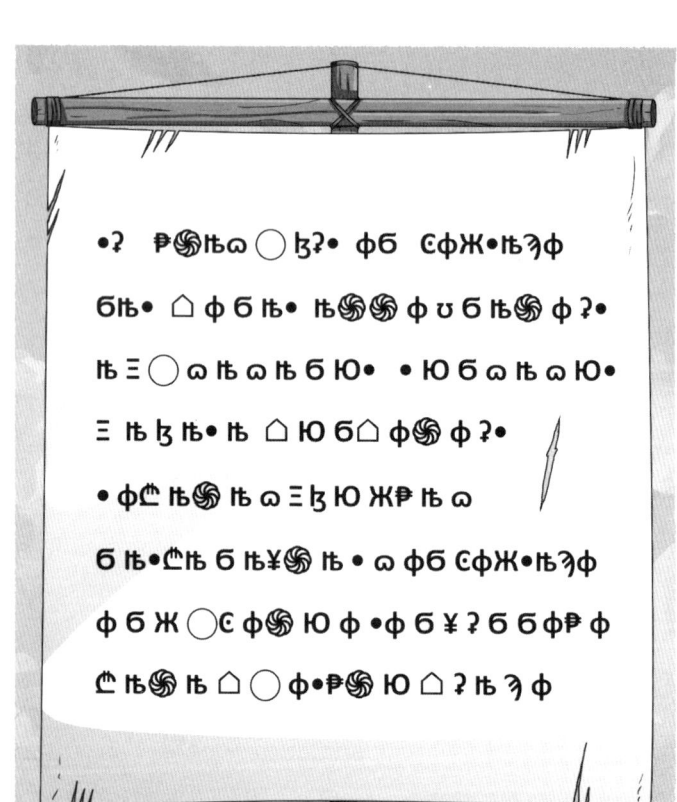

—¡Me hacen los ojos chiribitas, Brainy! —protestó Swift.

—No me extraña, menudo lío de símbolos. A ver si nuestro colgante supertraductor nos ayuda, porque yo no lo veo nada claro —reconoció Brainy.

Brainy cogió el collar que les había dado el hechicero y, sin pensárselo dos veces, frotó el dibujo del ojo con la mano.

—¿Crees que es la lámpara de Aladino o qué? —rio Swift.

—Pues oye, a él le funcionó. ¿Te imaginas que sale un genio? —exclamó Brainy.

—Uno que sepa idiomas raros, por favor —dijo Swift.

No había acabado de hablar cuando, del ojo dibujado en el colgante, salió un potente rayo de luz, que se proyectó en el casco del barco. ¡Era la traducción de cada símbolo a su letra correspondiente!

66

—¡Qué bien, solo tenemos que ir cambiando cada símbolo por su letra correspondiente!

—¡Ayúdanos, Reader! Coge un papel y un lápiz y ve escribiendo el mensaje, cambiando cada símbolo por su letra correspondiente.

 02 minutos

Los chicos fueron escribiendo, con una tiza, el mensaje que les salía a ellos:

sitraducíselmensaje

lasvelasarreglaréis

ayudadalossoldados

yacasavolveréis

separadycontad

laspalabrasdelmensaje

elnúmeroeselbillete

paravuestroviaje

—Ya tenemos el mensaje traducido, pero todo seguido es muy lioso —dijo Swift.

—Es cierto, por eso tenemos que separar las palabras. Además, nos piden el número total de palabras del mensaje. ¡Es la clave para que el barco zarpe!

—Reader, ¿cuántas palabras hay en la primera frase? Ve dando palmadas por cada palabra, y anota el número en un papel.

sitraducíselmensaje

—¡Vamos con la segunda, Reader!

lasvelasarreglaréis

—¡Siguiente!

ayudadalosaventureros

68

—¡Vamos a por la cuarta!

yacasavolveréis!

—¡Seguimos, Reader!

separadycontad

—¡Ya no queda nada!

laspalabrasdelmensaje

—¡Casi hemos terminado!

elnúmeroeselbillete

—¡Por fin la última, Reader!

paravuestroviaje

—¡Lo tengo! A mí me salen 30 palabras —exclamó Brainy.

—¡Ya empezamos! ¡A mí me salen 29! —gimió Swift.

—¡Ayúdanos, Reader! ¿Cuántas te salen a ti?

Si crees que el resultado correcto es el de Brainy y tenemos que gritar **treinta**, pasa a la página 86. Pero si crees que quien ha acertado es Swift y tenemos que decir **veintinueve**, ve a la página 50.

70

Delante del espejo, gritaron los dos a la vez:

—¡22!

El espejo se puso negro y, de repente, apareció reflejado en él un reloj de arena con sesenta segundos y una prisión.

—¡Ay, madre! Creo que la hemos fastidiado, Swift. *Bailes* tiene **dos** sílabas, *celebraciones* tiene **cinco** sílabas, *torneos* tiene **tres** sílabas, *navío* tiene **tres**, *Julieta* tiene **tres** y *Romeo* también tiene **tres**... 2 + 5 + 3 + 3 + 3 + 3 = 19. ¡La respuesta es 19!

—¿Qué hacemos, Brainy?

—Creo que Reader tiene que salir de aquí y volver corriendo a la página 15, para elegir la solución correcta.

—Corre Reader, no queremos ir a prisión.

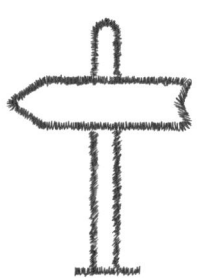

De repente, las palabras que habían elegido comenzaron a cambiar de forma y tamaño, volviéndose gruesas y grandes si eran correctas y muy finas y pequeñas si no lo eran.

Dos palabras con un trazo muy fino, que casi no se veían, llamaron su atención.

—¡Mecachis, Swift!¡ Reader, nos hemos equivocado! —se quejó Brainy.

—¡Casi no se ven de lo finas que se han vuelto **ay** y **savia**!

Al hacerse tan pequeñas y finas esas dos palabras, el cofre se hundió, sin dar tiempo a los chicos a cambiar las palabras, dejándolos sin soluciones y a la deriva.

—Y ahora ¿qué hacemos?

—Pues creo que no nos queda otra que volver a la página 49 y corregir los errores.

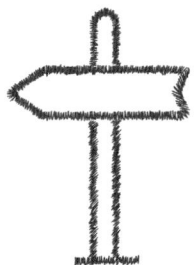

—¡Claro, Reader, está bien! No nos hemos confundido. ¡Hemos completado el trabalenguas correctamente!

—¡Él tampoco se ha equivocado! —exclamaron los niños. Y cuando dijeron el trabalenguas, ¡no se les trabó la lengua!—. A ver, Reader, ¡inténtalo tú! ¡Dilo en voz alta!

*Juan tu**v**o un tu**b**o y el tu**b**o que tu**v**o se rompió.*
*Pero como se le rompió ese tu**b**o,*
*se tu**v**o que comprar un tu**b**o igual al tu**b**o que tu**v**o.*

Chivito comenzó a dar volteretas por el escenario, y a pedir un aplauso para los chicos.

—¡Un fuerte aplauso, un fuerte aplauso!

El público aplaudía con ganas, y gritaba:

—¡Dales una pista, dales una pista, dales una pista!

Chivito comenzó a hacer gestos con las manos para que el público dejara de gritar.

Cuando la gente se quedó en silencio, el bufón exclamó:

—¡Lo prometido es deuda! Estas pistas os serán de gran ayuda para seguir avanzando en la misión —dijo. Y les entregó un pergamino enrollado y lacrado. Luego, añadió—:

¡Aquí encontraréis siete palabras, que serán siete llaves para abrir la puerta del éxito en la misión! Si las utilizáis de manera adecuada, ¡triunfaréis y a casa volveréis!

—Pero ¿cómo las tenemos que utilizar? ¿Y dónde? Además, ¡tenemos que encontrar a Cervantes! —exclamó Swift.

—¡Ese no es mi problema! —dijo Chivito—. Ahora… ¡fuera del escenario! ¡Es mi momento de gloria! —Se puso una nariz roja y empujó a Swift y a Brainy fuera del escenario, entre bambalinas, por la parte de atrás del corral.

Los chicos comenzaron a andar, buscando alguna pista que los llevase a Cervantes. ¡Estaba claro que estaban ahí porque tenían que dar con él! Todavía se oían las risas a lo lejos cuando los chicos encontraron una puerta, en la parte trasera del corral, con tres letras grabadas, MdC, y una pluma colgando del pomo. Se miraron y exclamaron a la vez:

—¡Miguel de Cervantes!

Intentaron entrar, pero la puerta estaba cerrada con llave. Llamaron a la puerta, pero nadie les contestó. ¡Tenían que entrar a esa habitación!

De pronto, vieron unas siluetas dibujadas en la puerta.

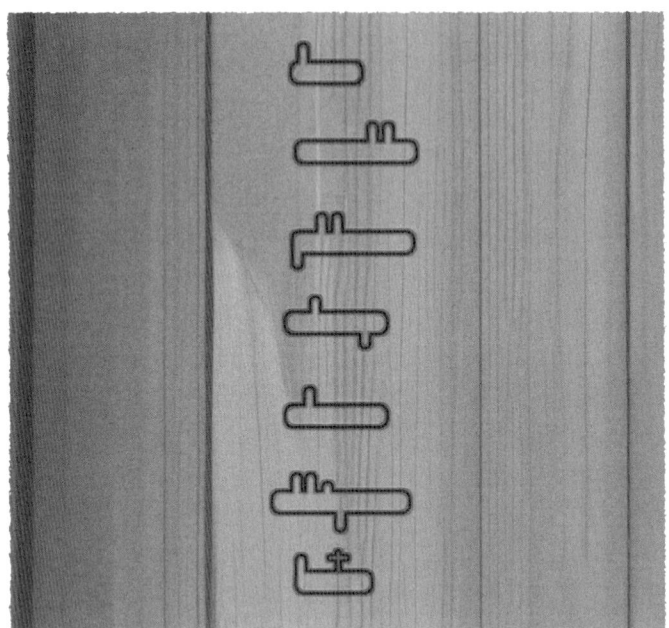

A su lado, grabado en la puerta, se encontraba el siguiente mensaje: «Siete llaves para abrir la puerta». ¿De qué les sonaba lo de las siete llaves? ¿Dónde lo acababan de oír?

—¡Claro! ¡Nos los acaba de decir Chivito!

—¡El pergamino! —gritó Brainy, desenrollando rápidamente el mensaje del bufón—. ¡Nos dijo que eran siete palabras!

Cuando abrieron el pergamino, leyeron lo siguiente:

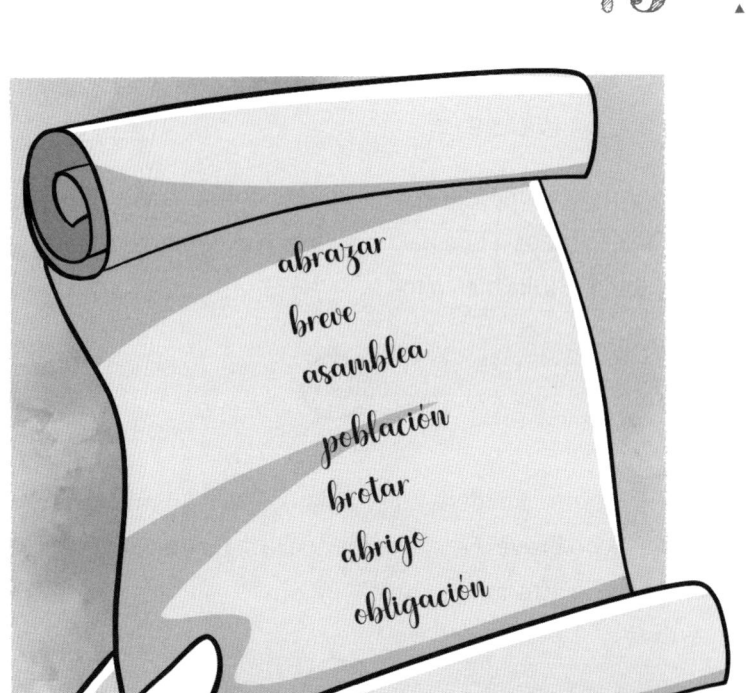

abrazar
breve
asamblea
población
brotar
abrigo
obligación

Debajo, había un mensaje que decía: «Escribe cada palabra dentro de su forma correspondiente».

—¡Ya lo entiendo, Swift! Tenemos que fijarnos en las siluetas de las puertas e ir eligiendo a qué palabras corresponde cada una.

—Y con la pluma tenemos que escribir cada palabra en su hueco —añadió Swift.

—Vamos a empezar con la primera forma —dijo Brainy—. Reader, dinos a qué palabra corresponde y nosotros la escribimos. ¡Dila bien alto!

—¡Es cierto, Reader! —dijo Swift—. Apunta, Brainy. Reader ha dicho **breve**. Ahora vamos con la segunda. ¿A qué palabra de la lista corresponde?

—Gracias, Reader. Apunta **asamblea**, Brainy. Ahora la tercera forma. ¡Dinos cuál es, Reader!

—¡Tienes razón! Aquí encaja **población**. ¡Vamos a por la cuarta!

—Justo la que había pensado, Reader: **abrigo**. La quinta no tengo ni idea... Dila bien alto.

—¡Es verdad! Justo lo que tenemos que hacer para agradecerte tu ayuda: **abrazar**. La sexta la sé, la sé —añadió Swift—. Pero me quedo más tranquila si Reader la dice conmigo.

—No te despistes y escribe, Brainy: **obligación**. Y la última...

—¡Bingo, Reader! Solo queda **brotar**.

78

Los chicos miraron el resultado:

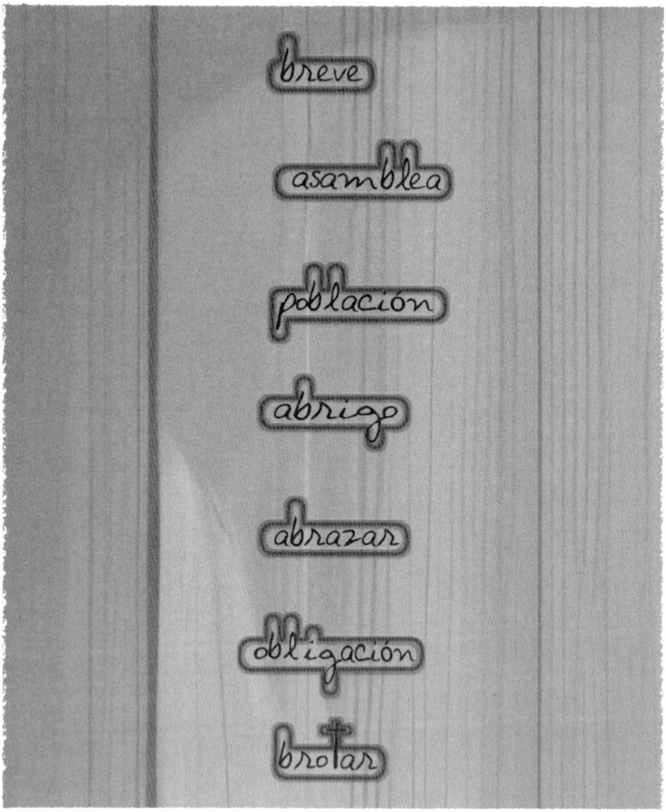

breve

asamblea

población

abrigo

abrazar

obligación

brotar

De pronto, la puerta crujió y se abrió del todo. ¡Las palabras habían actuado como una llave para esa puerta!

Al otro lado, de espaldas y sentado en un escritorio, vieron a un señor, que estaba escribiendo con una pluma, entre montañas de papel. Cuando oyó ruido a sus espaldas, se levantó y fue hacia los niños. ¡Era Miguel de Cervantes!

—¡Ya era hora! —exclamó—. ¡Pensé que nunca me encontraríais!

—Bueno, es que no era tan fácil —protestó Swift.

Brainy le dio un codazo y, por lo bajini, le dijo:

—Cállate, no seas protestona. No vaya a ser que se enfade y no nos ayude.

Cervantes los miró fijamente y comenzó a hablar:

—Como sabéis, la aventura ha tenido un salto en el tiempo. Estamos en 1605 y quería que fuerais los primeros que leyerais el libro que acabo de terminar de escribir, *El ingenioso hidalgo don Quijote de la Mancha*. Además, se han borrado unas palabras de la primera página, y no recuerdo en qué orden he de volver a ponerlas. ¡Quizás podáis ayudarme! ¡Estoy bloqueado!

80

Los chicos se miraron sorprendidos. En clase les habían explicado que don Quijote de la Mancha era uno de los libros más famosos y conocidos de la historia. ¡Y ellos iban a ser los primeros en leerlo!

De pronto, oyeron un estruendo, seguido de unas voces, y un espadachín entró en la habitación, con su capa al viento.

—¡Vengo a llevarme ese libro! —exclamó—. ¡Dádmelo ahora mismo! Si lo vendo en la corte, me darán cien maravedís.

—¡No me da gana! —dijo Swift—. Este libro va a ser famosísimo, historia de la literatura, y no os lo daremos.

El espadachín se quedó sorprendido, y a la sorpresa le siguió un tremendo enfado. ¡Esa mocosa le había dejado sin palabras!

Swift salió corriendo con el libro, seguida por Brainy, y unos metros por detrás corría el espadachín, que intentaba alcanzarla. La agarró por la chaqueta pero, antes de que pudiese echar mano al libro, Swift lanzó el libro por el aire, en dirección a Brainy. Este lo cogió y salió corriendo en la dirección contraria.

Brainy siguió corriendo un buen rato, con la esperanza de dar esquinazo al espadachín, que parecía no cansarse. De pronto, vio a Cervantes asomado a la ventana de una casa, haciéndole gestos para que corriese hacia él y llevase hacia allí al espadachín.

Brainy le hizo caso y, cuando entraron corriendo en la casa, un grupo de amigos de Cervantes tiró sobre el espadachín una gran red, que lo detuvo al instante. Le ataron las manos con unas cuerdas y le metieron en una habitación cerrada con llave.

—Hemos llamado a los gendarmes —dijo uno de ellos, al que llamaban Góngora.

—¡Sí, no tardarán en venir a por él! —exclamó otro con grandes bigotes y gafas. Era Quevedo.

—Muchas gracias por vuestra colaboración y ayuda, amigos —les dijo Cervantes.

Góngora y Quevedo no se llevaban nada bien, pero quisieron ayudar a su amigo Cervantes y, sobre todo, quisieron proteger el gran libro que venía en camino.

Cervantes despidió a sus amigos, y salió con los chicos de la casa.

—¡Ahora sí podéis leer el libro y decirme qué palabras pongo en la primera página!

Los chicos volvieron al despacho de Cervantes, se sentaron y abrieron el libro. Se encontraron con ocho huecos en la primera página. ¡Había ocho palabras que no estaban! La página tenía este aspecto:

En un lugar de la _____ de cuyo nombre no quiero acordarme, _____ no hace mucho un hidalgo de los de lanza ya olvidada, escudo antiguo, rocín flaco y galgo corredor.

Consumían tres partes de su hacienda una olla con algo más de _____ que carnero, ropa _____ casi todas las noches, huevos con _____ los sábados, lentejas los viernes y algún palomino de añadidura los _____. El resto de ella lo concluían un sayo de velarte _____ y, para las fiestas, calzas de terciopelo con sus pantuflos a juego, honrándose entre semana con un traje pardo de lo más fino.

Tenía en su casa una ama que pasaba
de los cuarenta, y una sobrina que no llegaba
a los _____ , y un mozo de campo y cuadra,
que lo mismo ensillaba el rocín, que tomaba
la podadera.

—Las palabras que se han borrado son estas —dijo Cervantes—. Las he recordado y las he apuntado en este papel, pero no recuerdo en qué huecos he de poner cada una de ellas para que el texto tenga sentido. ¡Ayudadme, por favor!

torreznos
domingos
vivía
vaca
vieja
veinte
Mancha
negro

Los chicos se tomaron un tiempo para ver qué palabra poner en cada hueco. No era muy difícil, pero tenían que estar muy concentrados.

—¡Reader, vamos a necesitar tu ayuda! A ver qué palabras eliges tú para cada hueco.

—Yo he completado el texto poniendo las palabras en este orden —dijo Brainy. Y las recitó en voz alta—: *Mancha, vivía, negra, vaca, torreznos, domingos, vieja, veinte.*

—¡Vaya, yo tengo las palabras en otro orden! —exclamó Swift—. Mira: *Mancha, vivía, vaca, vieja, torreznos, domingos, negro, veinte.*

—¡Ya empezamos! ¡Va a ser Reader quien nos tenga que sacar de dudas!

Si crees que el texto tiene sentido poniendo las palabras en el orden que dice Brainy, ve a la página 51. Si piensas que es Swift quien ha dado en el clavo, ve a la página 102.

—¡Treinta! —gritaron todos juntos, tripulación y comandante incluidos.

De pronto, como por arte de magia, los jirones de las velas se cosieron, y estas volvieron a estar intactas.

—¡Bravo! —celebró la tripulación. Por fin podían zarpar de vuelta a España.

Entre todos, terminaron de preparar el barco para zarpar y, cuando izaron las velas, estas lucían majestuosas.

—¡Lo hemos conseguido, Brainy! ¡El colgante Supertraductor ha sido de gran ayuda!

Los chicos se sentaron en cubierta, para disfrutar de la brisa marina y de las vistas tan maravillosas que tenían delante. Un marinero bastante joven se acercó a ellos.

—¡Quería daros las gracias por vuestra ayuda! ¡Buen trabajo! —les dijo. Les extendió la mano y se presentó—: Me llamo Tomás.

—¡Te llamas como mi mejor amigo! —exclamó Swift—. Es muy divertido y un poco glotón. Le encantan los dulces, sobre todo el chocolate.

—¡A mí también me encanta! —reconoció el joven grumete—. Descubrimos el cacao en estas nuevas tierras, y podría estar comiéndolo todo el día.

Les ofreció una taza de cacao caliente, endulzada con azúcar de caña, y los tres la disfrutaron sentados en cubierta.

88

Navegaron varios días más, en los que se alimentaron de las provisiones que los marineros les ofrecían y durmieron en unos colchones tirados en los camarotes.

A los diez días de travesía, los chicos eran unos marineros más. Ayudaban en todo lo que podían; era la manera de estar entretenidos. Un día estaban limpiando la cubierta del buque con unos cepillos cuando, de repente, oyeron al marinero que estaba en la cofa, la parte superior del barco desde donde se vigilaba, gritar:

—¡Tierra a la vista!

Los chicos saltaron de alegría. ¡Estaban de vuelta! Cuando el barco llegó a puerto, Tomás se acercó a ellos.

—¡Hemos llegado a Sevilla, amigos! —les explicó el joven—. Preferimos desembarcar aquí, aunque tengamos que navegar por el río, porque es un puerto más seguro contra posibles ataques.

El barco llegó a puerto, y toda la tripulación comenzó a desembarcar el cargamento de barriles y cofres repletos de oro, plata, alimentos, especias, tejidos y todo tipo de productos que los españoles traían del nuevo mundo.

Los chicos se despidieron del capitán y de su amigo Tomás, y bajaron del buque con la idea de explorar la ciudad y averiguar cuál era su siguiente paso en la misión.

—¿Sevilla? ¿Qué hacemos aquí, Swift?

—¡Tenemos que averiguarlo, Brainy! No nos queda otra si queremos seguir avanzando.

Comenzaron a pasear por las estrechas callejuelas. La ciudad estaba llena de bullicio; la gente iba de un lado a otro. Había un corrillo de gente alrededor de un muchacho que repartía unas hojas de papel, mientras gritaba:

—¡Extra, extra! ¡Esta noche, estreno de la nueva obra de teatro de Lope de Rueda! ¡No se la pueden perder!

La gente cogía la hoja de papel donde venía la hora y el lugar donde se representaba la obra. Brainy no se lo pensó dos veces y se acercó a coger una hoja.

—¡Ya la tengo, Swift!

—¿Quieres que vayamos al teatro? —preguntó, sorprendida, su hermana.

—Visto lo visto, Swift, no sabemos dónde puede estar la próxima pista. Y, además… ¡puede ser divertido!

90

—Yo hice una obra de teatro en colegio, y la verdad es que me reí mucho, y el público también.

Brainy miró la hoja que había cogido. Además del nombre de la obra y del autor, aparecía la hora de la función y la fecha… Se quedó mirando la fecha…

—Swift, ¿en qué año estábamos?

—Pues aparecimos en 1588, en el aniversario de la reina Isabel I.

—¿Y cómo puedes explicar que estemos ahora en 1605? —preguntó, alterado, Brainy.

—¿Cómo?

Brainy le mostró la hoja, donde se veía claramente el año 1605.

—¡A parte de viajar por el mundo, hemos dado un salto en el tiempo! —exclamó Swift.

Los chicos dieron la vuelta a la hoja. Por detrás, escrito con pluma y con una letra perfecta, había el siguiente mensaje.

Queridos Brainy y Swift

Soy el manco de Lepanto.

No tengáis tanto espanto,

don Miguel de Cervantes

me llamaban antes.

Os invito esta tarde

a la obra de Lope.

Es un gran amigo

aunque un poco miope.

Le habéis puesto a esta misión

todo vuestro corazón.

Si no queréis ser salvajes,

mejorad vuestro lenguaje.

A las 18:00 es la obra,

no me hagáis esperar.

Mi ayuda será clave

para que podáis triunfar.

92

—¡Vaya pasada, Swift!

—¡Vamos a conocer a Cervantes!

—Yo creo que por eso hemos viajado en el tiempo. ¡Me da que los Mayores quieren que conozcamos a Cervantes!

Los chicos miraron sus relojes. Era casi la hora de la función. No podían perder mucho tiempo. No sabían dónde estaba el corral en el que se representaba la obra de Lope de Rueda. Se llamaba el corral de La Pintada.

—Nos contaron en el cole, Reader, que, en esa época, las obras de teatro, en vez de en la calle, se representaban en los corrales de las casas y patios de vecinos —explicó Brainy.

—Así, aunque haga mucho frío, llueva o nieve, pueden seguir representando la obra, y el público puede seguir disfrutándola.

Empezaron a buscar por las calles, pero no encontraban pistas que les indicasen por dónde tenían que ir. Las calles estaban un poco sucias, y olían bastante mal. Los chicos iban tapándose la nariz. Con las prisas, Brainy no tuvo tiempo de esquivar una piel de plátano, con la que se resbaló y acabó en el suelo. ¡Menudo porrazo!

—Pero ¿¡qué guarrería es esta!? —se quejó Swift. Fue a coger la piel del plátano para tirarla a algún cubo de basura cuando vio que, por la parte de dentro, tenía una frase escrita.

—Brainy, ¡creo que es una pista!

—Bueno, por lo menos mi golpe ha valido para algo —dijo Brainy levantándose del suelo, aún dolorido.

En la piel del plátano, ponía lo siguiente:

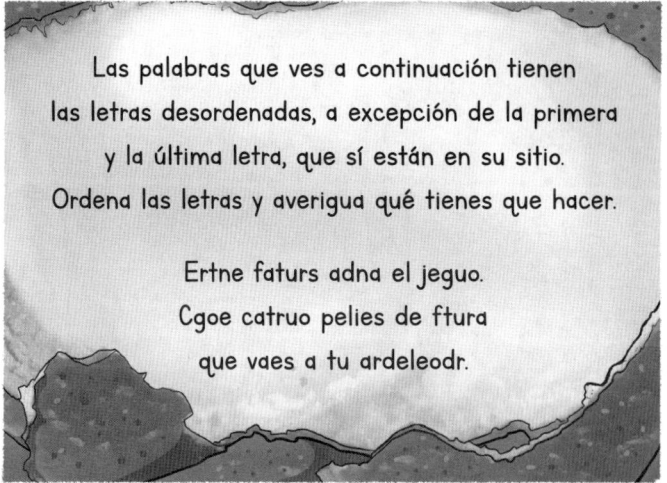

Las palabras que ves a continuación tienen
las letras desordenadas, a excepción de la primera
y la última letra, que sí están en su sitio.
Ordena las letras y averigua qué tienes que hacer.

Ertne faturs adna el jeguo.
Cgoe catruo pelies de ftura
que vaes a tu ardeleodr.

—¿Y aquí qué pone? —dijo Swift.

—¡Pues vamos a descifrarlo, Swift! ¡Y tú también, Reader!

01 minuto

—Yo creo que ya tengo la primera frase —dijo Swift—. Creo que dice: «**Entre frutas anda el juego**».

—Sí, Swift. Yo he pensado lo mismo. Y la segunda parte del mensaje dice: «**Coge tres pieles de fruta que veas a tu alrededor**».

—Ayúdanos a buscar las tres frutas, Reader.

—¡Gracias, Reader, por ser tan buen detective! ¡Has encontrado las tres frutas, incluso la mandarina voladora que nos ha tirado esa mujer!

Detrás de la mandarina, había un mensaje que decía:

Decid 5 frutas más e iréis al teatro en un pispás.

—¡Melón! —gritó Brainy—. ¡Y sandía!

—¡Fresas! ¡Cerezas! —exclamó Swift.

—Nos falta una, no se me ocurre. He dicho las que suelo comer —dijo Brainy—. ¡Ayúdanos, Reader! ¿Se te ocurre alguna fruta más? ¡Dila bien alto, que te oigan todos!

De repente, el empedrado del suelo comenzó a iluminarse.

—¡Gracias, Reader, has dicho la quinta! ¡Ya tenemos las cinco!

Las luces del suelo siguieron encendiéndose, marcando un camino que ayudó a los chicos a elegir las calles correctas, hasta llevarlos a la puerta del corral La Pintada.

96

Al llegar a la puerta, vieron entrar a los últimos de la fila, así que se pusieron detrás rápidamente y entraron con ellos. Cuando estuvieron en el interior, alucinaron: ¡era un sitio precioso y estaba lleno de gente!

—¡Guau, vaya ambientazo hay aquí! —exclamó, sorprendida, Swift—. ¡Hay muchísima gente!

—Yo creo que para ellos es como una fiesta.

La gente murmuraba, esperando que empezase la obra cuanto antes. De pronto, se oyó la voz fuerte del narrador, que comenzaba a contar el inicio de la obra.

Los protagonistas salieron al escenario, vestidos como si fuesen el rey y la reina. ¡Era una obra de teatro que se burlaba y se reía de los más poderosos! También salió un bufón, que hacía el ganso. ¡La gente se partía de risa!

El bufón bromeaba y hacía preguntas al público, para que participasen y se lo pasaran aún mejor. Si el público se aburría, podía tirar tomates, huevos o lo que llevaran a mano. Chivito, que así se llamaba el bufón, comenzó a decir trabalenguas, cada vez más rápido. Hacía como que se le atascaba la lengua, y el público no paraba de reír.

De pronto, miró a los chicos, que estaban sentados, cerca del escenario y les dijo:

—¡Subid aquí, es vuestro turno!

Swift y Brainy se miraron muertos de vergüenza. ¡No querían subir al escenario delante de todo el mundo! Pero, si querían triunfar en la misión, no podían rendirse.

—¡Venga, Swift! ¡A por ello!

Subieron al escenario, y Chivito les dijo:

—Os voy a poner un trabalenguas con las palabras *tubo* y *tuvo*. Pero las quitaré, y vosotros seréis los que tendréis que poner la palabra correcta en cada uno de los huecos. ¡Una vez completado, tendréis que repetirlo sin que se os trabe la lengua!

Y cogió un cartel en el que se leía el siguiente trabalenguas:

Juan tu_o un tu_o y el tu_o que tu_o se rompió.
Pero como se le rompió ese tu_o,
se tu_o que comprar un tu_o igual al tu_o que tu_o.

—¡Swift, vaya lío!

—¡Bueno, acuérdate de que hemos visto *tubo/tuvo* para abrir el cofre, cuando estábamos en el mar!

—Mmm, es cierto. A ver si lo completamos bien.

Chivito les dio una pluma, y Brainy y Swift comenzaron a pensar. Brainy fue escribiendo lo que iban decidiendo:

Juan tu**v**o un tu**b**o y el tu**b**o que tu**v**o se rompió. Pero como se le rompió ese tu**b**o, se tu**v**o que comprar un tu**b**o igual al tu**b**o que tu**v**o.

—¡Ya está, Swift! ¿Lo dejamos así, entonces?

—¡Yo creo que sí!

El público estaba expectante, para ver si tenían que aplaudirles o tirarles tomates.

De pronto, Chivito preguntó:

—Reader, ¿qué piensas tú? ¿Lo han completado correctamente?

Si crees que lo han hecho perfectamente, y que merecen un aplauso y una pista en la misión, pasa a la página 72. Si, por el contrario, han cometido algún error y les tenemos que lanzar tomates, pasa a la página 102 y corrígeles los fallos.

100

—¡Toma, Swift! Si ya sabía yo que mis respuestas eran las buenas. Además, coinciden con las de Reader, así que ¡no hay duda!

Brainy se acercó a la llama y, muy seguro y convencido, dio las cinco respuestas:

—¡Terraza, Machu Picchu, no hicieron caminos y carreteras, creían en muchos dioses y les rezaban, y juegos deportivos!

La llama se dio media vuelta y le dio una coz a Brainy que le mandó por los aires. ¡Había un error!

—Reader, los incas sí hicieron caminos y carreteras. ¡Lo que no hicieron fue ser los primeros en descubrir el fuego! ¿Te acuerdas de que lo vimos en la Misión de la Prehistoria? ¡Lo descubrieron por primera vez en el Paleolítico!

—¡Volvamos a la página de la que venimos!

—¡No, Reader! Esta vez el que ha metido la pata has sido tú. ¡Lo hemos hecho perfectamente! ¡No hay ningún error! —exclamó Swift.

—Bueno, Reader es humano, como nosotros, y algunas veces comete errores y se equivoca. No pasa nada, lo importante es que repases, para que averigües en qué te has equivocado —dijo Brainy.

—¿Ya has encontrado los errores, Reader? Recuerda que *tubo*, con b, es un sinónimo de tubería, y *tuvo*, con v, es del verbo tener.

Corre, Reader, vuelve a la página de la que venimos, que Chivito ya está dando tomates al público… ¡Si piensan que nos hemos equivocado, nos darán tomatazos!

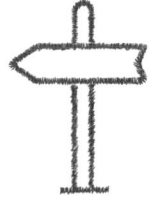

—¡Toma ya, Reader! Has pensado como yo, y has elegido bien las palabras. El texto ya está completo y tiene sentido. Vamos a leerlo juntos:

*En un lugar de la **Mancha** de cuyo nombre no quiero acordarme, **vivía** no hace mucho un hidalgo de los de lanza ya olvidada, escudo antiguo, rocín flaco y galgo corredor. Consumían tres partes de su hacienda una olla con algo más de **vaca** que carnero, ropa **vieja** casi todas las noches, huevos con **torreznos** los sábados, lentejas los viernes y algún palomino de añadidura los **domingos.** El resto de ella lo concluían un sayo de velarte **negro** y, para las fiestas, calzas de terciopelo con sus pantuflos a juego, honrándose entre semana con un traje pardo de lo más fino. Tenía en su casa una ama que pasaba de los cuarenta, y una sobrina que no llegaba a los **veinte** y un mozo de campo y cuadra, que lo mismo ensillaba el rocín, que tomaba la podadera.*

—Suena bien, ¿eh Brainy?

—Sí, he de reconocer que lo has hecho genial, Swift. ¡Y tú también, Reader!

—Si hay alguna palabra que no conoces, búscala en el diccionario. ¡No te quedes con la duda!

—Yo, cuando tenga un diccionario entre manos, voy a buscar **sayo** y **velarte** —dijo Swift—. ¡No tengo ni idea de qué significan!

Cuando completaron las ocho palabras, Cervantes se acercó para darles las gracias.

—¡Os estaré eternamente agradecido! —reconoció el escritor—. Me habéis ayudado a completar mi obra maestra, seré un escritor famoso y este libro será conocido en todo el mundo. ¡Ahora soy yo quien os debe ayudar! —dijo. Y continuó—:

La ortografía habéis mejorado,
el vocabulario habéis aumentado,
la lectura habéis reforzado,
en comprensión habéis avanzado
y en la misión… ¡habéis triunfado!

Mientras iba hablando, las páginas del *Quijote* iban pasando cada vez más rápido. Y, de pronto, ¡las letras comenzaron a salir del libro y envolvieron a los chicos! Un tornado de letras los levantó por los aires.

Los chicos salieron volando y quedaron en medio del tornado, dando vueltas y más vueltas. Tantas vueltas dieron que se marearon y perdieron el conocimiento.

Cuando abrieron los ojos, miraron a su alrededor. Estaban rodeados de estanterías llenas de libros. La gente leía superconcentrada. Todos vestían ropa normal, algunos llevaban auriculares, y otros tenían el móvil encima de la mesa… ¡Parecía que habían vuelto a su época!

—Pero ¿dónde estamos, Swift?

—¡Chsss! —hicieron varias de las personas que leían a su alrededor, y que estaban sentadas alrededor de unas mesas.

¡Estaban en una biblioteca!

—Y ¿qué hacemos aquí ahora? ¿Tú conoces esta biblioteca, Swift? —preguntó Brainy, susurrando. No quería que le volviesen a mandar callar.

—No me suena de nada. Vamos a dar una vuelta por los pasillos, a ver si vemos a alguien conocido a quien poder preguntar.

Pasearon por la biblioteca, entre los pasillos repletos de libros. Se metieron por el pasillo de misterio, luego por el de cómics, y llegaron al de aventuras e historia. Cuando iban

a dejarlo atrás, un libro que estaba mal colocado cayó del estante y le dio en la cabeza a Swift.

—¡Au! —gimió de dolor.

—Pero ¡qué mala suerte! ¿Cómo puede haberse caído este libro de repente?

—Yo ya no creo en las casualidades, Brainy.

—¡Tienes razón, Swift! ¡Mira!

Observaron con sorpresa que el libro había quedado abierto en el suelo, dejando a la vista un mensaje.

Brainy lo cogió y lo leyó en alto.

—Para viajar lejos, no hay mejor nave que un libro. ¡Enhorabuena, habéis conseguido la medalla del Superlenguaje! Fdo. Los Mayores.

Nada más terminar de leer la última palabra, la luz de la biblioteca se apagó de repente. Los chicos se quedaron a oscuras.

—¡No veo tres en un burro! —se quejó Brainy.

—¿A que me vuelvo a dar un golpe? —dijo Swift.

Los chicos iban palpando las estanterías, buscando una salida. De pronto, la luz volvió. Sus padres estaban delante de ellos, en el pasillo de libros de aventuras de la biblioteca.

—¡Diana, Alex! ¿Dónde os habíais metido? Llevamos un rato buscándoos.

Los chicos los miraron alucinados. Leer el mensaje los había devuelto, ahora sí, al año 2024. ¡Habían superado la misión y volvían a estar con sus padres! Estaban tan contentos que dieron un abrazo tan grande a sus padres que casi los tiran al suelo.

—¡Bueno, bueno, chicos! Que no hace tanto que no nos vemos. ¡Ni que os hubieseis ido de viaje superlejos! —rio la madre.

Los chicos se miraron y se partieron de risa. ¡Si ellos supiesen!

Salieron juntos de la biblioteca. Los chicos cogieron unos libros para llevarse a casa. ¡Le habían cogido el gusto a esto de leer!

—¡Qué bien, chicos! En esta biblioteca hay muchos libros nuevos —les explicó su padre.

—No habíamos estado aquí nunca, papá.

—Es que es una biblioteca nueva —exclamó su padre—. La han abierto esta semana. Se llama Biblioteca Miguel de Cervantes.

Los chicos se miraron y una sonrisa gigante se dibujó en sus caras. Su amigo Miguel de Cervantes los había acompañado, a su manera, hasta su época. ¡Jamás le olvidarían!

Y con esa gran sonrisa continuaron su camino a casa, con la intención de merendar, descansar de la misión y comenzar a devorar los libros que habían cogido en la biblioteca.

¡Les había picado el mosquito de la lectura!

110

¡LO HAS CONSEGUIDO!

Has hecho un gran trabajo en esta misión y Los Mayores te dan la medalla del SUPERLENGUAJE. ¡Enhorabuena!

SOLUCIONES

Número de sílabas (página 15)

Bailes tiene **dos** sílabas,

celebraciones tiene **cinco** sílabas,

torneos tiene **tres** sílabas,

navío tiene **tres**,

Julieta tiene **tres**

y *Romeo* también tiene **tres**.

Descifrar mensajes (página 42)

Tabla con el 1er mensaje

La flota de Francis Drake derrotó a la Armada Invencible de Felipe II en 1589.

Tabla con el 2º mensaje

Uno de los escritores más famosos de esta época fue William Shakespeare, que escribió Romeo y Julieta.

Tabla con el 3er mensaje

El principal rival de Inglaterra en esta época era España, donde reinaba Felipe II.

Tabla con el 4º mensaje

El teatro isabelino se hizo muy famoso y el público tiraba cosas a los actores si no les gustaba la obra.

Tabla con el 5º mensaje

Isabel I pertenecía a los Tudor, y su madre Ana Bolena murió decapitada por orden del rey Enrique VIII, su esposo.

Palabras homófonas (página 49) ✕

▶ Haya, hola, hay, sabia, tubo.

Comprensión de texto.
Respuestas correctas (página 34)

▶ 1ª Terraza.

▶ 2ª Machu Picchu.

▶ 3ª No fueron quienes descubrieron el fuego.

▶ 4ª Creían en muchos dioses y les rezaban.

▶ 5ª Juegos deportivos.

Mensaje y número de palabras (página 69)

- ▶ Si traducís el mensaje, ------> 4

- ▶ las velas arreglaréis. ------> 3

- ▶ Ayudad a los aventureros ------> 4

- ▶ y a casa volveréis. ------> 4

- ▶ Separad y contad ------> 3

- ▶ las palabras del mensaje. ------> 4

- ▶ El número es el billete ------> 5

- ▶ para vuestro viaje. ------> 3

- ▶ **Palabras : 30**

Trabalenguas ortográfico (página 99)

Juan tu**v**o un tu**b**o y el tu**b**o que tu**v**o se rompió.

Pero como se le rompió ese tu**b**o,

se tu**v**o que comprar un tu**b**o igual al tu**b**o que tu**v**o.

116

Completar Quijote (página 84)

En un lugar de la **Mancha** *de cuyo nombre*
no quiero acordarme, **vivía** *no hace mucho*
un hidalgo de los de lanza ya olvidada,
escudo antiguo, rocín flaco y galgo corredor.

Consumían tres partes de su hacienda
una olla con algo más de **vaca** *que carnero,*
ropa **vieja** *casi todas las noches,*
huevos con **torreznos** *los sábados,*
lentejas los viernes
y algún palomino de añadidura los **domingos**.

El resto de ella lo concluían un sayo de velarte **negro** *y,*
para las fiestas, calzas de terciopelo con sus pantuflos
a juego, honrándose entre semana
con un traje pardo de lo más fino.

Tenía en su casa una ama que pasaba de los cuarenta,
y una sobrina que no llegaba a los **veinte**,
y un mozo de campo y cuadra,
que lo mismo ensillaba el rocín, que tomaba la podadera.

¿Quieres conseguir el resto de medallas?

¡Supera las próximas misiones
para convertirte en un auténtico superhéroe!

Regalo digital

Si quieres conseguir tu regalo, entra en www.editorialsentir.info con el código

NEUROAVENTURAS8